CONSIDÉRATIONS

SUR LES FINANCES.

CET OUVRAGE SE TROUVE AUSSI AU DÉPÔT
DE MA LIBRAIRIE,

Palais-Royal, galeries de bois, nos 265 et 266.

CONSIDÉRATIONS

SUR LES FINANCES.

PAR M. *****.

PARIS,

J. G. DENTU, IMPRIMEUR-LIBRAIRE,

Rue du Pont de Lodi, n° 3, près le Pont-Neuf.

1816.

CONSIDÉRATIONS

SUR LES FINANCES.

LA France est heureusement placée au nombre des Etats riches ; car un Etat qui peut présenter un budget où les impôts de l'année figurent à-peu-près pour une somme de 800 millions, doit être nécessairement comparé à un capitaliste possesseur de 16 ~~cent~~ milliards au moins. Mais que produit ce système d'impôts, si ce n'est d'un côté l'appauvrissement de toutes les classes de la société, et de l'autre la perte des ressources qu'offrirait l'emploi bien dirigé du crédit public ?

Que résulte-t-il en effet du mode adopté jusqu'à ce jour, si ce n'est que l'État ayant besoin de 800 millions pour ses dépenses annuelles et pour les charges extraordinaires, les impose et les prélève sur la masse des citoyens?

Dans l'hypothèse contraire, l'Etat devant trois milliards, et ayant toujours la même somme de huit cents millions à payer, aurait également besoin de se les procurer. Supposant qu'il a du crédit, il les emprunte et ajoute un capital de 800 millions à la dette existante; ainsi d'un côté la dette est augmentée, mais de l'autre côté l'Etat ayant trouvé dans les 800 millions qu'il a empruntés, des ressources pour couvrir ses dépenses et ses charges de l'année, n'a plus à demander aux citoyens que l'intérêt du capital qu'il doit, ce qui n'exige plus, de la part des imposés, qu'un sacrifice annuel de deux cents cinquante millions au plus, quelque soit le taux auquel le gouvernement ait emprunté; ainsi le crédit, principe fécond de prospérité, offrant aux capitalistes des placemens sûrs, connus sous le titre d'emprunts, laisse à l'agriculture et à l'industrie tous leurs capitaux, et loin de borner aux nationaux tous les inconvéniens qui résultent des charges extraordinaires, il étend à tous les capitalistes de toutes les nations, la faculté de contribuer proportionnellement et concurremment aux besoins du gouvernement, par des moyens dont les réultats leur sont également avantageux. Il fait plus, grâce aux institutions qui se coordonnent au système général, il facilite l'extinction de la dette à un taux inférieur à celui du prêt primitif. Le premier système nous isole, tandis que le second lie toutes les fortunes des Etats étrangers à la fortune de l'Etat qui emprunte.

Mais, dira-t-on, il ne suffit pas d'avoir besoin d'emprunter pour obtenir du crédit : le crédit des Etats et des particuliers diminue au contraire en raison des besoins et de la pénurie qu'on leur suppose. Nous répondrons : celui qui est riche n'a pas besoin d'emprunter, et le crédit, en conséquence, n'a été imaginé, n'a été créé que par celui qui éprouve des besoins. Celui qui prête doit donc savoir et sait en effet qu'il ne prête pas à un riche, mais à un pauvre ; mais il sait aussi qu'il prête à un pauvre industrieux. Ce dont s'embarrasse le prêteur, c'est d'être bien sûr de toucher le plus gros intérêt possible du capital qu'il prête, et de rentrer certainement et à une époque fixe dans son capital. Ce dont par conséquent doit s'occuper celui qui emprunte, c'est de prouver qu'il paiera cet intérêt et qu'il rendra le capital : ainsi le particulier crée son crédit. Et c'est ainsi, et à plus forte raison, qu'un Etat peut et doit créer le sien.

Pour obtenir donc du crédit, il ne suffit pas qu'un Etat soit riche et qu'il promette d'être ponctuel à remplir ses engagemens ; il faut sur-tout que l'exactitude soit le produit inaltérable et mathématiquement démontré, du rapport des institutions entr'elles, de leur indépendance relative, de cette espèce d'indépendance qui naît d'une dépendance réelle vis-à-vis de telle ou telle autre institution, et il faut encore que toutes ayant des fonctions propres et déterminées, se prêtent mutuellement secours, appui et protection. Sans cette liaison intime de toutes les parties, on ne peut compter que sur des portions de crédit, qui s'évanouissent encore, si, prenant l'indépendance isolée pour l'indépendance relative, on se borne à faire jouir chaque institution des avantages apparens de la première.

Il ne peut y avoir d'intérêts rivaux dans un grand Etat, et si leur existence se prolonge pendant un certain espace de temps, il arrive nécessairement une époque à laquelle le pouvoir absorbe ce qui lui est subordonné. C'est de ce principe que nous déduirons plus tard les bases vraies d'une caisse d'amortissement, dont l'essence est de rester constamment en rapport avec ses fonctions et avec le but de son institution ; nous disons en rapport exact, car le trop grand crédit est aussi nuisible par son immuabilité que le discrédit constant est lui-même nuisible sous d'autres rapports.

En France, où l'on a constamment repoussé le système des emprunts, il semble qu'on ait ignoré les avantages que l'on pouvait en retirer, et le régime purement fiscal l'a toujours emporté sur l'emploi du crédit. On n'a pas cessé de parler du remboursement de la dette, sans en assurer, sans même en chercher les moyens. On a cru qu'il suffisait de proportionner les charges aux dépenses annuelles, et d'augmenter les charges d'une quotité quelconque, dans le but d'une extinction totale : en cela même on n'a pas vu que la dette fonde le crédit, en même temps qu'elle contribue à la richesse et à la prospérité de l'Etat, aussi bien qu'à la sûreté et au maintien du gouvernemeut. La manière d'opérer adoptée, jointe à la désunion et au manque d'ensemble si nécessaire dans les rapports que toutes les institutions doivent avoir entr'elles, a constamment laissé dans le vague et dans l'incertitude le mode, ainsi que l'époque du remboursement, et présenté d'un autre côté le paiement rigoureux des charges, sans égard aux avantages et aux bénéfices qui résultent des opérations d'une caisse établie dans le but de rembourser successivement.

Le système contraire aux emprunts a été d'autant plus extraordinaire, qu'on a fait dettes sur dettes, sans éteindre celle qui existait déjà, et à laquelle on a constamment ajouté par des arriérés ou déficits annuels, ce qui revient au même, puisqu'envisagés dans leurs résultats, dette et emprunt se confondent dans la pensée. En effet, emprunter, c'est contracter une dette, et contracter une dette, c'est constituer un emprunt.

La quotité plus ou moins forte de la dette, n'est pas ce qui produit le discrédit des effets publics, et cette vérité a été depuis si long-temps et si bien démontrée, que l'on n'est même plus dans la nécessité de développer les motifs du principe, qui dit que plus un Etat doit et plus il est riche. Ce qui constitue le crédit et sert à le maintenir, c'est d'une part, comme nous l'avons dit, le paiement régulier des intérêts de la dette, et de l'autre, son remboursement prévu et bien assuré ; aussi la défaveur dans laquelle nos rentes sont souvent tombées ne peut-elle être attribuée qu'à l'oubli de ces principes.

S'il est important de se créer un crédit et de le maintenir, il n'est pas moins important de s'occuper des moyens qui en assurent le développement. Pour y parvenir, on sentira la nécessité d'augmenter la puissance des forces motrices, en centralisant dans une seule et même caisse tous les crédits partiels dont jouissent les caisses isolées, et d'enlever aux ministères et aux administrations, sous quelque dénomination que ce soit, la faculté de recevoir, encaisser et payer. Il importe de les restreindre à leurs véritables fonctions, et de verser toutes les recettes, de quelque nature qu'elles soient, à une banque sur laquelle les uns et les autres aient à tirer au *prorata* de la valeur des crédits votés au budget de l'année.

Si, en France, on s'est écarté du vrai but de chaque institution, on n'en a pas moins été généralement d'accord sur la nécessité d'avoir du crédit, puisque, ne pouvant jamais nuire, il pouvait offrir des ressources, et que son existence enfin ne portait point avec elle l'obligation de s'abandonner à ce genre de richesse exclusivement à toute autre. Cette vérité est suffisamment démontrée par la mesure qu'on a prise de consolider la dette, par l'établissement d'une caisse d'amortissement, par la création d'une banque, et par la division du ministère des finances en deux parties, l'une investie du moral et l'autre du matériel. Ainsi, les institutions sont créées, mais leurs bases sont vicieuses ; nous avons les mots, mais nous n'avons pas les choses, si j'ose m'exprimer ainsi. En effet, en consolidant la dette, on a cherché les moyens d'arrêter sa progression, et on a voulu son extinction ; et bornant là tout ce qui avait rapport à la consolidation, on ne l'a pas envisagée sous le rapport de ses avantages comme ressource, comme moyen de crédit, et comme base des emprunts. On a ajouté à la dette sans faire d'emprunt, et on s'est caché à soi-même que contracter une dette, était faire un emprunt forcé. On n'a pas senti que l'Etat qui doit un milliard, par exemple, est absolument dans la même position que l'Etat qui ferait un emprunt d'un milliard, puisque pour éteindre l'une et pour rembourser l'autre, il faut employer des moyens parfaitement semblables, entre lesquels on ne peut même pas dire qu'il y ait analogie, car il y a parité bien exacte.

La caisse d'amortissement a été établie dans le but d'éteindre la dette existante, et son établissement n'a pas été envisagé sous le rapport d'une extinction additionnelle des augmentations possibles de la dette. On l'a bornée à ce qui existait, et on ne l'a pas établie sur des bases certaines et proportionnellement graduées. Le prêteur ne s'embarrasse pas du rapprochement de l'époque à laquelle la dette sera éteinte, et les opérations avantageuses faites dans l'intérêt de l'Etat ne sont ni de son ressort, ni de son domaine; il repousse tout ce qui est brillant et hypothétique, et ne s'arrête qu'à un calcul positif : il veut savoir que l'Etat paye un centième de la dette tous les ans, et qu'ainsi cette même dette sera remboursée dans l'espace de cent ans.

Pour discréditer un principe que l'on ne concevait pas, on a jeté sur le matériel de ses dispositions tout le ridicule qui était dû aux hypothèses et aux états d'extinction progressive, dont chaque ministre des finances a cru devoir embellir son budget; mais ce n'est point une *théorie brillante* ni *une plante délicate transplantée sur un sol stérile, situé sous une latitude qui en repousse la culture*, qu'un centième de la dette annuellement versé à la caisse d'amortissement; c'est au contraire un point de fait, un point matériel. Se trompant sur tous les points, on a cru que la caisse d'amortissement, pour être indépendante, ne devait être soumise à aucune autorité; et l'isolant d'une manière absolue, on l'a soustraite à ses protecteurs naturels; c'est ainsi que, ne saisissant jamais que le brillant idéal du système, on n'a pas senti qu'elle n'était que l'agent, que le commissionnaire de l'Etat auquel elle devait rendre les comptes. On vient à la vérité de faire un pas de plus, mais insuffisant, car une institution ne peut être parfaite si la perfection de l'ensemble ne sanctionne pas la perfection de toutes les parties qui doivent y concourir.

La banque actuelle n'est d'aucune utilité relativement à l'Etat ; bornée à une agence qui la discrédite, tandis que cette même agence devrait augmenter son crédit, on reconnaît dans sa création un vice constitutif de rapports qui en restreint l'utilité.

Pourquoi un trésor, là où il existe une banque, puisqu'il ne peut offrir les garanties de son indépendance, et que jamais le trésor, placé sous la direction et l'autorité d'un ministre qui obéit lui-même aux ordres suprêmes du gouvernement, ne pourra présenter la confiance et la garantie d'indépendance que l'on trouve dans une banque qui se forme et s'alimente pour le bien de l'Etat, de la réunion de tous les intérêts privés?

La banque instituée dans des rapports convenables avec le système général, devient le dépôt national ; c'est dans ce dépôt unique que doivent être versées, successivement et pendant tout le cours de l'année, toutes les recettes de quelque nature qu'elles puissent être. La banque, par la nature de ses élémens, aussi bien que par son organisation, doit être forcément indépendante du gouvernement et indépendante également des corps politiques; mais son compte annuel est soumis aux deux chambres, qui y trouvent l'exposé général de tout ce qui a été prévu et antérieurement ordonné ; il devient la preuve matérielle ainsi que l'objet de la critique naturelle et même nécessaire de toutes les parties du budget, des crédits accordés aux divers ministères, aux diverses branches de service et à la caisse d'amortissement ; tout vient se classer et se représenter dans ce compte général qui présente en même temps l'exposé des recettes votées au budget.

Il résulte de cette réunion de recettes et de dépenses, un crédit augmenté de la masse de tous les crédits des diverses caisses isolées, et qui, formant un crédit central, seul susceptible d'immenses développemens, facilite les opérations privées auxquelles se livrent les maisons de banque dans l'intérêt de l'Etat, ainsi que les particuliers, dans le cas d'emprunts proposés par le ministère et adoptés par les chambres.

Nous n'avons pas eu besoin de démontrer que la régularité dans les paiemens assurait le crédit; mais ayant ajouté que la liaison intime des rapports qui unissaient les diverses institutions, constituait seule le crédit durable, et en assurait le développement sans lequel le premier ressemblerait à un corps privé des principes de la vie et du mouvement, nous nous efforcerons de parcourir aussi rapidement que possible tout ce qui doit les unir.

La nation doit et s'impose elle-même; c'est donc à elle qu'il appartient de connaître les résultats de tout ce qui a rapport à ses finances; ce pouvoir suprême lui est dévolu par la force même des choses, car si on dérobe à ses regards une partie des opérations, on doit s'attendre à ce qu'elle ne s'impose pas à elle-même des sacrifices onéreux et pénibles dont la nécessité et l'emploi ne lui seraient pas justifiés.

Mais le créancier d'ancienne date, comme le prêteur actuel, ont intérêt de tout savoir, afin d'établir leurs calculs; l'un et l'autre sont les juges de fait d'un gouvernement qui, ayant seul le droit légal de stipuler les intérêts généraux, n'en est pas moins soumis à l'action du crédit ou du discrédit qui dérivent de leur coopération et du degré de leur confiance.

Les contribuables sont neutres relativement à cette action, dont la mobilité assure des avantages utiles à la prospérité définitive de l'Etat.

La caisse d'amortissement n'est dans le fait qu'une agence passive appliquée à des intérêts nationaux; la somme de son crédit annuel doit faire partie du budget de chaque année, comme ses comptes doivent y figurer pour donner connaissance de ses opérations.

La forme de ses transactions, le crédit qui lui est assigné, ainsi que les comptes qu'elle rend, constituent son indépendance, qui ne peut trouver que des écueils dans le pouvoir et les dissentimens des comités et des commissaires qui, par le mouvement des élections attachées au gouvernement représentatif, n'ont et ne peuvent avoir qu'une existence éphémère. Elle doit avoir des surveillans, mais point de comités ni de commissaires investis de pouvoirs discrétionnaires, dont l'effet nuirait à la responsabilité proportionnelle à laquelle il est important de ne point la soustraire : tout ce qui l'éloigne des principes, d'agence discrète et responsable, ainsi que de son indépendance relative, produit de graves inconvéniens. Sous l'ancien gouvernement, la caisse d'amortissement était indépendante des deux chambres, puisqu'elle ne rendait aucun compte de ses opérations, ni de ses résultats, et elle avait été de plus, déclarée indépendante du gouvernement. Jamais institution ne reçut des gages plus grands d'une indépendance voulue ; mais c'est précisément cette indépendance isolée, qui l'enlevant à ses formes simples aussi bien qu'à ses protecteurs naturels, a été la base de sa violation et de son dépouillement.

L'essence de son institution est celle qui lui impose plus particulièrement le besoin d'être en rapport avec le but de sa création, et qu'il est de toute nécessité de proportionner avec l'extinction de la dette.

Par-tout où l'expérience acquise par le temps a fait connaître la solidité des calculs sur lesquels cet établissement est fondé, on y verse un pour cent de toute la dette existante, versement toujours gradué par les augmentations successives produites par les emprunts annuels; mais penser à l'immuabilité de dispositions fixes et autres que des dispositions proportionnelles, c'est assurer un vice constitutif d'autant plus certain, qu'il est impossible de déterminer à sa naissance une fixation de capitaux, dont les rapports, avec la dette, doivent nécessairement changer par suite de la variabilité des besoins, des ressources et du crédit.

Le crédit peut bien résulter d'une organisation vicieuse, mais encore ne sera-t-il jamais qu'éphémère ou éventuel comme les opérations qui le produisent; et si l'on s'attache dès l'origine à des dotations inférieures au but, tout rentrera dans le vague et dans l'incertitude, et le prêteur ne pouvant rien prévoir ni calculer, ira porter ailleurs les bénéfices attachés au versement de ses capitaux.

La caisse d'amortissement doit être indépendante du pouvoir exécutif, et soumise à la censure des chambres, puisque ce sont les mandataires de la nation qui lui fournissent les moyens d'opérer pour le mieux de son avenir. Elle doit figurer au budget pour les sommes qui lui sont accordées, et rendre compte annuellement de ses opérations. Toute affectation d'une nature différente de celle proportionnelle que nous avons citée, présente des inconvéniens; et quant aux dotations et aux aliénations, ces objets sont encore d'une nature bien plus fâcheuse dans l'intérêt de l'Etat.

Trop restreinte, la caisse d'amortissement détruirait le crédit; trop opulente, elle produirait des époques brillantes qui seraient désastreuses pour les intérêts de l'Etat, considérés sous le rapport de l'extinction proportionnelle de la dette; et jamais, d'ailleurs, elle n'atteindrait cette balance exacte de crédit et de discrédit si essentielle aux rachats des fonds, à moins d'en diminuer la quotité selon les époques, ce qui nuirait toujours à l'amortissement proportionnel voulu. En votant annuellement au budget un pour cent sur le capital de la dette, la caisse sera constamment en rapport avec les besoins; et comme il arrivera néanmoins une époque à laquelle son capital dépassera la proportion nécessaire, c'est alors seulement que les chambres pourront ordonner l'anéantissement de telle ou telle portion de la dette rachetée.

Tous les fonds de l'Etat appartiennent à l'Etat, qui ne peut faire que de fausses opérations par des aliénations partielles plus ou moins considérables; sous ce rapport, la caisse d'amortissement était encore vicieuse dans son organisation, puisqu'elle était établie sur des aliénations. Ne parlons donc plus de la caisse d'amortissement comme devant être tellement indépendante, que son isolement en fasse une puissance dans l'Etat : bornons-là au but d'agence passive auquel on ne peut la soustraire sans déroger aux bases de son institution ; et comme c'est la nation qui doit, et que c'est elle qui paye, c'est à elle, par l'intermédiaire des chambres, qu'elle doit rendre des comptes, soumis également à la censure du public par la voie de l'impression. Telle doit être sa position de dépendance vis-à-vis du seul pouvoir dont les attributions le rendent son protecteur naturel ; d'ailleurs, tous les agens chargés des intérêts de l'Etat sont responsables, nuls d'entr'eux ne peuvent être indépendans de la censure ni de l'action des deux chambres, principalement une caisse chargée de l'exécution d'un genre de disposions au résultat desquelles se lient essentiellement toutes ses espérances de prospérité.

Les aliénations peuvent servir à établir la confiance ; mais dans l'hypothèse actuelle, évaluant le capital des charges de l'Etat à la somme de trois milliards, il faudrait aliéner des immeubles rapportant à raison de la proportion établie de un pour cent, un revenu de 30 millions par an, ce qui serait hors de toute raison, puisque les rapports actuels, existans au moment de la fixation, disparaîtront un jour, soit en plus soit en moins, et qu'il arrivera nécessairement une époque à laquelle la caisse cesserait d'être en rapport avec la dette.

Les affectations fixes de revenus indépendans, ne présenteront jamais de solidité aux étrangers ; car supposé que la caisse en offre dans son organisation, on ne pourra jamais les rassurer à l'égard des mesures qui pourraient un jour détourner les fonds de leur destination, et cela toujours par suite du même motif, celui qui implique l'idée d'envahissement possible dès qu'il y a indépendance isolée, autant dire fictive.

Les affectations variables inspireront moins de confiance, puisqu'elles peuvent être plus aisément distraites du but proposé. Et comment d'ailleurs les établir dans un rapport exact avec le montant de la dette, et dans un tel rapport que l'on puisse les considérer comme immuables, lorsqu'on ne peut asseoir aucun calcul de probabilité sur les situations futures?

Somme toute, les aliénations, les affectations et les dotations, constituent des pertes réelles pour l'Etat, par suite des frais d'administration et de régie; et quand on ferait abstraction de tout ce que l'on pourrait énoncer sur la différence des produits d'immeubles, cultivés par des particuliers, comparativement aux produits d'immeubles semblables, régis pour le compte de l'Etat, ce dernier perdrait toujours les droits de mutations, de successions, d'enregistrement, timbre, hypothèque, ainsi que tous les bénéfices qui résultent de toutes les contestations.

L'Etat perd énormément en restant propriétaire, tout aussi bien que la prospérité publique, donc l'Etat ne doit pas posséder ni affecter des immeubles à des institutions fixes qui n'offrent aucun des avantages qui résultent des mutations.

La dette actuelle de l'Etat, fondée ou exigible, peut-être évaluée à environ trois milliards, sans y comprendre les charges extraordinaires résultantes de la convention faite avec les alliés. Dans cette somme de trois milliards, la dette consolidée figure pour deux milliards trois cents millions. Supposons que, pour alléger le fardeau des impositions et se donner en même temps plus de facilité pour le paiement des obligations contractées envers les puissances, on porte au moyen d'un emprunt, la dette consolidée à trois milliards. Pour amortir une semblable dette par des remboursemens successifs, de manière à maintenir le crédit public, il faut créer une caisse d'amortissement indépendante du gouvernement et responsable envers les chambres; lui ouvrir un crédit dans le budget de l'année, proportionné au montant de la dette et conforme à ce qui se pratique par-tout où de semblables établissemens ont été formés, c'est-à-dire, un pour cent sur le capital total de la dette qui, évaluée trois millards, présentera pour cette année, la nécessité de lui ouvrir un crédit de trente millions; crédit variable chaque année en raison de l'augmentation de la dette, dans le but de maintenir la balance nécessaire de crédit, dont la mobilité produit des avantages utiles pour l'Etat, et sous peine d'altérer les rapports essentiels à conserver.

On conçoit facilement que cette somme annuelle de trente millions appliquée successivement à rembourser un capital de trois milliards, doit en effectuer la libération totale dans l'espace de cent ans; mais si l'on fait attention que la caisse opérera avec plus ou moins d'avantage suivant le cours des effets publics, et qu'en outre la somme qu'elle pourra employer aux rachats, ira croissant d'années en années par l'accumulation des intérêts de la portion de la dette qu'elle aura acquise, on trouvera qu'il faudra beaucoup moins de temps pour parvenir à une extinction totale. Quel effet ne doit pas produire sur le crédit national, un mode de libération aussi rapide et aussi certain? Quelles ressources ne peut-on pas se promettre de trouver au besoin, dans le système des emprunts étayé par des moyens aussi efficaces? Et quel avantage ne résulterait-il pas pour la France, à la suite de toutes les pertes et de toutes les calamités qui ont pesé sur toutes les classes de ses habitans, si elle n'avait à payer aujourd'hui que l'intérêt des sommes auxquelles s'élèvent les charges extraordinaires, au lieu d'avoir à en acquitter rigoureusement le capital? Quel résultat en plus n'obtiendrait pas la caisse d'amortissement, par le versement dans son sein de toutes les ressources extraordinaires dont l'Etat peut disposer?

Pour produire tous ces avantages, il importe que le revenu annuel de la caisse, proportionné aux besoins, soit garanti par des formes invariables, but obtenu par son addition au budget, et que la caisse indépendante du gouvernement, plus par sa dépendance des chambres que par des déclarations illusoires, trouve dans le crédit accordé, dans l'indépendance sur-tout de la banque, dans les comptes à rendre et dans leur publicité, aussi bien que dans la responsabilité à l'égard des chambres, cette indépendance relative née de leur action et de leur surveillance, la seule qui puisse avoir de la réalité.

Enfin, le paiement régulier des intérêts de la dette aux porteurs, cinq pour cent ; plus le paiement régulier de l'intérêt proportionnel d'extinction de la dette à la caisse d'amortissement, un pour cent ; en tout six pour cent doivent être mis en première ligne. Rien ne doit être négligé pour assurer ce paiement, et pour qu'il ne puisse jamais être retardé sous aucun prétexte ; mais cette assurance ne pouvant jamais être le produit des déclarations, et devant au contraire résulter forcément de la liaison des institutions entr'elles, il est de toute nécessité que les fonds destinés à l'acquittement de toutes les charges régulières de l'Etat, soient déposés dans un établissement parfaitement indépendant. Il faut que toutes les recettes soient non-seulement versées, mais perçues par la banque, qui doit elle-même recevoir une organisation en rapport avec la nature et la hauteur de ses fonctions. Tous les revenus de l'Etat doivent donc être versés à la banque, sur laquelle les divers crédits votés au budget doivent être assignés. La banque recevant tout et payant tout, doit être, par une loi, mise en possession du droit de prélever, avant de faire face à aucune autre dépense, le montant des sommes auxquelles s'élèvent l'intérêt au porteur et l'intérêt proportionnel dévolu à la caisse d'amortissement. C'est ainsi que toutes les parties de cet ensemble général se trouveront tellement unies et combinées dans leurs rapports, que, si la caisse d'amortissement est la base du crédit, la banque en est la clef et en devient le complément, en raison du développement qu'elle lui donne.

Le trésor, qui, dans ce système, n'a pas le maniement des fonds, n'en conserve pas moins une comptabilité. Il a des receveurs qui fournissent des cautionnemens, et sont tenus de faire passer tous les dix jours le montant des recettes effectuées dans cet espace de temps, en envoyant des traites des maisons de banque de la province sur des maisons de banque de la capitale ; au reçu des traites, le trésor en acquitte le montant vis-à-vis du receveur, et fait passer les traites à la banque de l'Etat, qui se charge des recouvremens ; si les traites sont protestées et que les banquiers de la province soient devenus insolvables, le receveur rembourse ; mais comme la traite ne présente qu'une recette de dix jours, tirée à dix jours de vue, on sent facilement que le cautionnement, quelque faible qu'il soit, peut aisément être au moins décuple de la valeur de la traite : donc la banque possède tous les genres de garantie.

Nous désirerions qu'une méditation approfondie des moyens que présente la fortune de la France, eût disposé les esprits à accueillir des idées qui ont déjà reçu les degrés d'expérience et de maturité que nous pouvons puiser dans les exemples que nous fournissent d'autres peuples qui ont aussi subi leurs révolutions et éprouvé les coups de l'adversité. On se convaincrait probablement, en suivant cet aperçu dans toutes ses conséquences, que la dette consolidée peut sans danger être portée à une somme plus forte que celle à laquelle elle s'élève actuellement, et que si l'Etat adoptait le système des emprunts basé sur la liaison nécessaire de toutes les institutions combinées dans leurs rapports réciproques, il pourrait dès à présent accroître la dette de tout ce qui a été plusieurs fois l'objet de son vœu formel.

RÉSUMÉ.

Limitant l'exposé rapide de nos observations aux rapports qui, dans un système de finances, doivent unir toutes les parties subordonnées qui concourent à l'unité de mouvement de l'ensemble général, nous terminerons cet essai par les réflexions suivantes.

Nous trouvons tout simple que les autorités qui ordonnancent et disposent ne conservent pas le maniement des fonds numéraires; comme nous trouvons également simple et de toute justice, que les dépôts ne soient pas investis du droit de disposer. Nous trouvons encore convenable que chaque autorité et que chaque institution jouisse d'une indépendance relative, et soit, selon ses fonctions, dans la dépendance de telle autre institution qui, par la nature de ses attributions, ne peut avoir d'autre action que celle de la force conservatrice. Nous croyons, en outre, que l'Etat parviendra bien difficilement à la connaissance exacte de ses sacrifices, de ses pertes et de ses bénéfices, tant qu'une institution centrale et indépendante, comme une banque unique doit l'être, par la nature de ses élémens et de son organisation, n'aura pas été rendue la puissance active de toutes les transactions.

Plus nous sommes pénétrés de l'importance des matières que nous avons discutées, ou plutôt ébauchées dans le cours de cet écrit, moins nous pensons devoir, pour l'instant, nous livrer aux calculs comparatifs des résultats obtenus et des résultats à obtenir, si l'on adoptait le système auquel tout ce qui précède se rapporte.

Nous bornons notre désir à voir les Chambres admettre que ces questions diverses méritent un examen approfondi, et qu'elles daignent se convaincre suffisamment de leur importance réelle, pour se déterminer à former dans leur sein des commissions chargées de leur soumettre des rapports sur les différens systèmes de finances adoptés en France et hors de France ; sur l'ensemble et la liaison de toutes les parties de chaque système ; sur les rapports que les institutions doivent avoir entr'elles, et définitivement, présenter une proposition déduite de l'examen auquel elles se seront livrées.

Nous pensons que, sauf les amendemens qui pourront être adoptés relativement au budget de 1816, il est essentiel de l'admettre pour éviter les inconvéniens d'une position que toute hésitation pourrait aggraver; mais nous pensons qu'il est nécessaire d'en retrancher toutes les dispositions qui portent avec elles un genre d'immuabilité, dont l'effet serait d'interdire toute amélioration possible dans le système, et reporter la discussion de ces mêmes dispositions à l'époque à laquelle les commissions pourront présenter le résultat de leurs travaux.

Nous croyons, en outre, qu'en admettant le budget tel qu'il est, les chambres pourraient, sans rien préjuger, voter un emprunt égal à la somme des charges extraordinaires payables en 1816; emprunt dont le produit serait applicable à une réduction proportionnelle des divers impôts, tout en statuant sur le *minimum* aussi bien que sur l'époque à laquelle la négociation pourrait s'en effectuer.

De cette disposition naîtrait une addition conditionnelle au montant du budget, dont l'emploi serait fixé ; et nul doute qu'avant l'expiration du délai, les commissions n'eussent terminé leur travail, pour mettre notre système de finances en rapport avec le degré de connaissances théoriques auquel nous sommes parvenus.

Plusieurs considérations politiques relatives aux transactions ainsi qu'aux négociations possibles, paraissent suffisamment se rattacher à l'exposé de cette proposition, pour fortifier les motifs qui l'ont déterminée.

27 décembre 1815.

NOTE.

La Hollande a de tout de tout temps prêté des sommes considérables aux Etats de l'Europe, et loin de diminuer son numéraire effectif, chaque prêt ou emprunt ajoutait à la somme qui était en circulation. De plus petits Etats, parmi lesquels on doit distinguer le gouvernement de Gênes, doivent leurs richesses et leur situation prospère à ce système d'opérations, auquel l'Angleterre est redevable du degré de puissance que nous lui connaissons. Les Etats-Unis d'Amérique ont encore développé les mêmes moyens avec plus d'étendue, et l'expérience vient à l'appui des avantages acquis au bénéfice d'un Etat faible en population, et qui existe sur un sol vaste qui a quelques rapports avec le nôtre, quant aux produits territoriaux.

Mais comme il faut borner les exemples, nous ne nous occuperons que de ce qui se pratique en Angleterre, où nous trouvons une banque instituée pour être à-la-fois dépôt de toutes les recettes, et acquitter toutes les charges, tous les engagemens à titre public, une caisse d'amortissement, les emprunts, les fonds consolidés de diverses espèces, les trois pour cent, les quatre pour cent, les cinq pour cent, l'*omnium* et les billets de l'Echiquier.

A la banque se versent tous les revenus de l'Etat, impôts, taxes, revenus quelconques, sous toutes les dénominations, et sur la banque se donnent tous les crédits publics. La banque avant tout et avant de faire face à aucun des crédits accordés aux ministres, prélève l'intérêt de la dette payable aux porteurs, et l'intérêt proportionnel de la dette payable à la caisse d'amortissement. C'est-à-dire qu'en France, par exemple, la dette étant de trois millards, la banque préleverait, à raison de cinq pour cent, 150 millions sur les recettes, et à raison de l'intérêt proportionnel de un pour cent dévolu à la caisse d'amortissement, une autre somme de 30 millions : en tout 180 millions. Le compte annuel de la banque d'Angleterre présente, d'un côté, l'état des recettes, et de l'autre, devient la preuve officielle, ainsi que la critique naturelle de tous les comptes de service particuliers présentés par les divers départemens ministériels. Son indépendance naît de la nature même de son institution.

La caisse d'amortissement reçoit un pour cent sur le capital entier de la dette, opère les rachats, et augmente ses ressources des intérêts cumulés de la dette rachetée, et convertie par cette opération en créance sur l'Etat. Indépendante du gouvernement, elle rend annuellement ses comptes aux Chambres, vis-à-vis desquelles seulement est établie sa responsabilité.

L'indépendance de la caisse d'amortissement naît de sa dépendance, ou plutôt de l'autorité publique des Chambres qui, n'ordonnançant aucun paiement, sont les protecteurs et les gardiens vigilans de sa marche et de son institution. L'intérêt fixe sur le capital dans la proportion de un pour cent, la tient dans un rapport exact et constant avec la dette, puisqu'à chaque nouvel emprunt, ses revenus augmentent dans les mêmes rapports.

En Angleterre, la marche et le mécanisme des emprunts offrent des chances d'époques et de détails qui proviennent des diverses natures de fonds consolidés. Lorsque le ministère ouvre l'emprunt, ceux qui présentent les meilleures conditions, plus ou moins rapprochées de celles offertes par le ministère, sont les seuls acceptés.

Exemple.

Trois pour cent. . . .	60 l.	au pair.
Quatre pour cent. . .	80	
Cinq pour cent. . . .	100	

Les ministres offrent pour cent livres sterlings numéraire, cent livres sterlings de fonds consolidés au cours du moment, et dans les proportions suivantes :

Dans les trois pour cent.	65
quatre pour cent. . . .	10
cinq pour cent.	25
	100 liv. sterl.

Quel que soit l'offre dans les trois pour cent et dans les quatre pour cent, leur fixation n'est pas celle qui devient le sujet des débats. Par convention tacitement reconnue, et dans le but de faciliter et de simplifier le marché, ils ne portent que sur le prix à donner en argent pour les 25 livres sterlings en fonds consolidés au cours, offerts dans les cinq pour cent.

La proportion numérique offerte par le ministère est invariablement fixée, et il n'y a de valeur indéterminée que dans le prix numéraire offert par les preneurs qui, selon les époques et les circonstances, présentent plus ou moins d'effectif : s'ils donnent vingt-six livres sterlings numéraire, pour les vingt-cinq livres sterlings de fonds consolidés, l'Etat gagne un pour cent; si le preneur au contraire ne donne que vingt-quatre livres sterlings, quinze schellings, l'Etat perd cinq schellings ou un quart pour cent.

L'emprunt se réalise dans le cours de six mois, divisé en six termes égaux d'un mois chacun; et comme il est de l'intérêt du gouvernement de recevoir la somme entière et dans les plus brefs délais, il accorde en sus une prîme de cinq pour cent une fois payée, pour que l'argent soit versé aussitôt la conclusion du marché.

C'est ici que le crédit central de la banque, augmenté de la masse de tous les crédits qui seraient l'apanage de diverses caisses isolées, vient encore au secours de l'Etat, et au secours des contractans, et facilite puissamment la réalisation de l'emprunt.

Si tel particulier, possesseur d'une portion de l'emprunt, cent mille livres sterlings, par exemple, n'a pas la disponibilité de ses fonds et veut néanmoins conserver les avantages de la prîme, il se présente à la banque, à laquelle il transmet sa coupure appelée *ticket*, et la banque se charge de tous les paiemens successifs, hors le dernier;

mais si le cédant paye tout à l'échéance du cinquième terme, le sixième compris, il rentre dans ses droits, et reçoit le montant de la prîme accordée, comme s'il avait payé au moment du contrat.

La valeur relative de l'emprunt, pendant les six mois, jusqu'à l'époque où il cesse d'être simple promesse et vient à être consolidé, ainsi que les diverses transactions qui ont lieu pendant cet intervalle, produisent une valeur de rapports appelée *omnium*.

Les trois pour cent, les quatre pour cent et les cinq pour cent, ont des rapports semblables et uniformes avec la banque quant à l'intérêt aux porteurs et quant à l'intérêt payable à la caisse d'amortissement, avec laquelle la même parité de rapports existe quant à la proportion des rachats annuels. Seulement ils présentent une plus grande diversité d'opérations plus ou moins avantageuses.

L'*omnium*, ainsi que nous l'avons dit, est une valeur de rapports et de circonstance qui dure jusqu'à la consolidation; comme il n'y a qu'un emprunt par année, il ne peut y avoir qu'un *omnium*, et pour le temps que dure la réalisation de l'emprunt.

Les billets de l'Exchiquier doivent leur existence aux dépenses prévues, mais qu'il est impossible de fixer d'une manière absolue, lors de la discussion du budget, époque à laquelle les Chambres votent un crédit de deux, trois ou sept millions sterlings, dont le remboursement s'effectue à la rentrée du parlement, préalablement à toute autre mesure législative, et dans la proportion de la valeur émise. Ces billets portent intérêt par jour de quatre sous sterlings par livre sterling, ce qui les fait rechercher et les maintient au pair.

FIN.

www.ingramcontent.com/pod-product-compliance
Ingram Content Group UK Ltd.
Pitfield, Milton Keynes, MK11 3LW, UK
UKHW020353250726
13967UKWH00005B/2255

9 782012 484719